# 心理測驗和心理學不同

## 以科學方法來分析每個人的心理運作

不時可在雜誌、網路文章或電視節目上看到像「這個心理測驗能看穿你的真實性格」之類的文字描述。此外，從動作、表情來看透對方想法的「讀心術」也蔚為風潮。

若提到「心理學」，應該有不少人會想到上述的心理測驗或讀心術，又或是直接聯想到操控人心的「洗腦」。不過其中的大多數，都跟大學所學和研究的心理學有所區別。

2019年 6 月卸任日本心理學會理事長，現任教於日本大學文理學院的橫田正夫教授曾經說過下面這一段話。

「心理學是一門致力了解人類心理及行動法則的學問，若不是使用科學的方法就不能稱為心理學。」例如心理測驗和讀心術就不是採取科學的方法，有不少個人的主觀認定，因此無法被視為是心理學。

而且，心理測驗和讀心術會試圖猜測特定對象（比方說你本人）的性格或想法。相較於此，心理學則不會針對特定的某人，而是對普遍存在於每個人的心理運作進行探討。

## 心理學亦即「心」的科學

心理學的英文是psychology，此詞源自希臘文的「psyche」，意思是呼吸、心、靈魂等等。開頭的希臘字母「Ψ」（psi），常當作心理學的象徵符號。

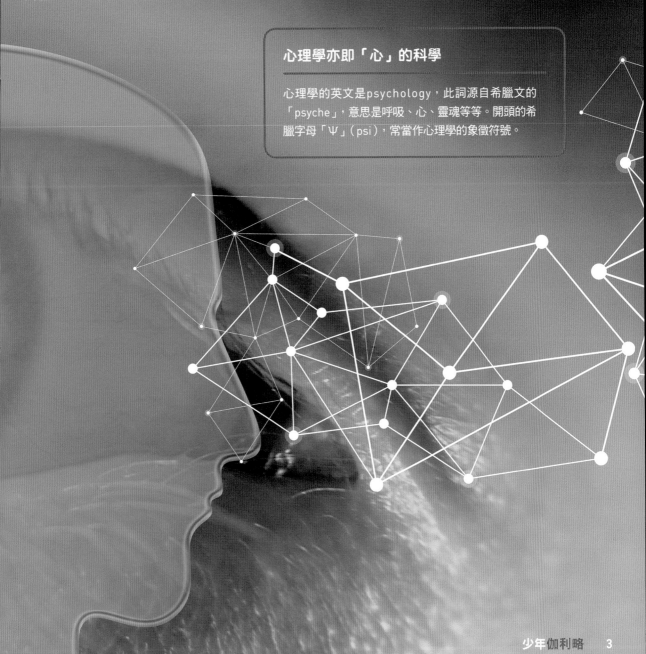

# 心理學是以科學方法來進行研究的學問

## 研究中最常採用的四種方法

心理學會蒐集外顯行為的資料，以此為基礎提出相關的假說。心理學常使用的資料蒐集方法有下述四種。

第一種是「實驗法」。實驗法是為了調查特定因素（例如文字的顏色）對結果（例如反應的所需時間）有無影響，透過操控特定因素來觀察結果的變化。這個方法主要用在調查人類共通的心理基本性質。

| | ●下文是當令人不安的事情發生時，關於內心想法的描述。請詳閱以下項目，若自認能確實做到請選「4」，能大致做到請選「3」，不太能做到請選「2」，完全不能做到請選「1」，將符合右欄敘述的數字用○圈起來。 | 完全做不到　不太能做到　大致能做到　確實能做到 |
| --- | --- | --- |
| 1 | 能沉著思考該事件對自己有何意義 | 1 - 2 - 3 - 4 |
| 2 | 能冷靜思考處於那種狀態的原因，並明白該狀態不會一直持續 | 1 - 2 - 3 - 4 |
| 3 | 能想出幾個為何會變成那樣的理由 | 1 - 2 - 3 - 4 |
| 4 | 究竟該怎麼辦才好？能想出幾種思考或行動的方案 | 1 - 2 - 3 - 4 |
| 5 | 雖然心情不好，但不至於過度負面思考 | 1 - 2 - 3 - 4 |
| 6 | 即使腦海中浮現可能會發生的壞結果，也能告訴自己這只是想像而已 | 1 - 2 - 3 - 4 |
| 7 | 能思考狀況的好壞兩面，找出應對的可能方法 | 1 - 2 - 3 - 4 |
| 8 | 對狀況抱持樂觀的態度，認為逆境也可能是轉機 | 1 - 2 - 3 - 4 |
| 9 | 能思考自己對狀況的掌握方式與看待事情的傾向 | 1 - 2 - 3 - 4 |
| 10 | 不會因該狀況而衍生出不好的聯想 | 1 - 2 - 3 - 4 |
| 11 | 能想像問題解決後的狀況 | 1 - 2 - 3 - 4 |
| 12 | 當陷入過度思考時能暫時抽離思緒 | 1 - 2 - 3 - 4 |

### 實驗法（史楚普效應）

上圖為「史楚普效應」（Stroop effect）的實驗範例。請受試者由上而下，依序回答文字的顏色，並測定反應所需的時間。雖然「橘、綠、藍、黑」才是正確答案，但只有第二列文字顏色與文字內容一致，因此反應時間會受到所示文字的影響而拉長。若映入眼簾的兩項資訊不一致時，就會造成混亂並延長反應時間。

### 問卷調查法

這是問卷調查法的一個例子。每個問題都有1～4的選項，請受試者選出最符合自身狀況的描述。問題項目的排列方式和統計處理的方法皆經過設計，即便受試者刻意扭曲答案也能正確測定。

第二種「問卷調查法」，是將欲調查的項目，透過問卷直接詢問受訪者，主要用於直接詢問他人的想法或感覺的時候。

　　第三種名為「觀察法」。觀察法是貼近學校、職場等日常生活情境，或在設定的實驗環境中觀察人的模樣。主要是針對人在特定狀況下的行為特徵等，用在欲建立新假說時。

　　第四種稱作「訪談法」。訪談法是研究者與參加者一對一交談，或是在團體中互相對話。這個方法多用在研究者想要探究人們的想法或行為背後的理由，或是讓面臨相同問題的受試者透過傾訴獲得慰藉。

**觀察法**

觀察法是由研究者親自去現場進行觀察。例如：觀察孩童的遊戲方式，發現孩童出現問題行為時的模式、特定的孩子是否有發展遲緩的現象等等，並提出適當的處理策略。

**訪談法**

上圖為受試者進行集體訪談的情形。在企業的研發場合中，透過聚集顧客分享「商品的使用心得」，有助於改良商品。再者，於臨床上將有酒精成癮等相同問題的人集合在一起，暢談自身的經驗也能讓心靈得到慰藉。

# 「巴夫洛夫的狗」和「小艾伯特」的實驗

## 心理是「學習」而來的

19 世紀的德國，開始出現以科學方法研究心理運作的心理學。當時認為，如同物質是由原子所組成，意識等心理運作也是由許多的「要素」集結構成。

俄國生理學家巴夫洛夫（Ivan Pavlov，1849～1936）曾做過一項知名的實驗，名為「巴夫洛夫的狗」。實驗中在餵狗吃飼料的同時，會重複播放節拍器的聲音，之後即使沒有飼

### 「巴夫洛夫的狗」和「小艾伯特」

左頁的「巴夫洛夫的狗」和右頁「小艾伯特」的實驗，是心理學史上非常著名的兩項實驗。根據這些實驗，證明了經由學習會產生新的行為。

**巴夫洛夫**（1849～1936）

曾以大量的犬隻為實驗對象，研究消化腺的作用。據說某天，巴夫洛夫發現狗只要聽到飼育員的腳步聲就會流出唾液，於是開始進行制約的實驗。於1904年獲得諾貝爾生理醫學獎。

## 「巴夫洛夫的狗」實驗

看到飼料後流出唾液

在餵食飼料的同時播放節拍器的聲音

光是聽到節拍器的聲音就會流出唾液

料，狗只要聽到聲音就會流出唾液。這是因為「聲音」的刺激和「分泌唾液」的反應相互連結，在心理學上稱為「制約」。

美國心理學家華生（John B. Watson，1878～1958）認為，正是因為這個制約反射引發的「學習」，才會使構成心理的要素間互相連結。之後，為了研究學習對於人類行為有何影響，他以11個月大的嬰兒「小艾伯特」為實驗對象。嬰兒原本看到老鼠並不會害怕，但之後在嬰兒看見老鼠的同時發出巨大聲響使其驚嚇後，嬰兒開始對老鼠感到恐懼。

華生在這項實驗中，證明制約所引發的學習也會在人類身上發生。當然，這樣的實驗在現今的倫理規範下是不被允許的。

## 「小艾伯特」的實驗

一開始看到老鼠不會害怕

讓嬰兒在看見老鼠的同時發出巨大聲響使其驚嚇

**華生**（1878～1958）

認為不只是成人，連動物和嬰兒也能成為心理學實驗的對象。曾擔任美國約翰‧霍普金斯大學的心理學教授，直到42歲辭職並轉往廣告業發展，經歷相當特殊。

光是看到老鼠就感到恐懼

# 心理學的新流派「完形心理學」

## 心理的運作源自於「整體環境」

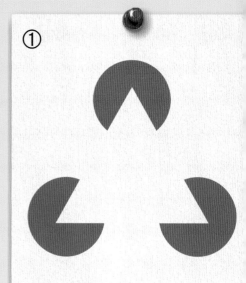

**①**

**卡尼薩三角**
排列著三個帶缺口的圓形,但感覺中間好像有個理應不存在的三角形。義大利心理學家卡尼薩(Gaetano Kanizsa, 1913~1993)提出許多這類的圖形。

正當華生的主張以美國為中心逐漸成為心理學的主流時,德國也發展出了新的心理學概念,亦即「完形心理學」(Gestalt psychology)。

Gestalt在德文中指的是「型態、形狀」。右邊的圖①,是由 3 個帶缺口的圓形組成。看著這張圖時,不只會看到 3 個圖形,還能感覺到中間似乎有個三角形。此外,右邊的圖③乍看下是一幅「花瓶」的插圖,但若細看左右的輪廓,就會出現人的側臉。

完形心理學認為以形狀知覺為首的各種心理運作,並無法像之前單純合計要素來說明,必須將要素排列方式在內的「整體環境」也納入考量。

完形心理學的成果,之後由以知覺為研究對象的認知心理學繼承。同時也是「社會心理學」的起源,不只個人的心理,連個人所處的社會和環境也是關注的重點。

**②**

**看見不存在的東西**
擁有多個圓錐的圖形。和上方的卡尼薩三角相同,感覺像是一顆表面貼著圓錐的球體。

③

## 看到的是「花瓶」還是……?

插圖是參考丹麥心理學家魯賓(Edgar Rubin,1886~1951)的著名設計「魯賓花瓶」所繪製。若細看中央花瓶的左右輪廓,會出現人的側臉。完形心理學認為,以輪廓的外側為背景或是以內側為背景,會根據要素排列的環境,在知覺上造成不同的結果。

# 心理學可以分成多個領域

## 從基礎領域到實踐領域，研究範圍極為廣泛！

心理學分成許多領域，右圖就是各主要領域在整個心理學的位置關係圖。以個人心理為對象的領域在下側，以群眾或社會為對象的領域在上側；越靠左側的領域越具基礎性，越靠右側的領域越具實踐性（應用性）。

除了右圖列舉的領域之外，還有「演化心理學」（evolutionary psychology）認為人類的心理運作是從演化過程中獲得的，「環境心理學」（environmental psychology）則著重在個人所處的環境與心理之間的關係等等。此外，也可以用研究的方式來區分心理學的領域，例如透過實驗來解析的心理學統稱為「實驗心理學」（experimental psychology）。

心理學發展至今已經相當蓬勃，但仍持續致力於以科學方法從各個角度來釐清人心的運作機制。

社會

文化心理學

性格心理學

發展心理學

情緒心理學

認知心理學

學習心理學

知覺心理學

生理心理學

個人

基礎

## 顯示主要領域位置關係的「心理學地圖」

本圖是參考《何謂心理學》[市川伸一著，北大路書房，2002年發行]中的圖表
繪製而成。縱軸代表偏個人還是偏群體，橫軸代表偏基礎還是偏實踐。以水藍
色圈起來的五個領域，代表研究者人數較多的領域。

經營心理學

社會心理學

組織心理學

商業心理學

健康心理學

教育心理學

臨床心理學

異常心理學

犯罪心理學

神經心理學

實踐

# 性格可用5個維度呈現嗎？

## 以5個特質來分類的「五大人格理論」

**描述性格的5個特質**

在五大人格特質理論中，人的性格就是依這5個特質的比重來呈現。由於這些特質不會因為語言、文化的不同而有太大差異，被視為是人類共通的特質，但理由目前仍不清楚。

**接**下來我們把重點放在描述性格的各種特質（特徵），將性格中各項特質的相符程度予以量化的思維方式稱為「特質論」。不過，這很難用一句話來概括，「易生氣」、「愛乾淨」等形容詞多得不勝枚舉。那麼，有沒有所謂的特質能反映性格的各個面向呢？

在特質論的研究中經常會採用的方法，就是以收錄在辭典裡的語彙為基礎，將性格的特質進行分類。經過大規模的統計和電腦運算分析後，將描述性格的語彙歸納成「開放性」（openness）、「嚴謹性」（conscientiousness）、「外向性」（extraversion）、「友善性」（agreeableness）、「情緒穩定性」（neuroticism）五類。並主張這5個性格特質與語言文化無關，是人類性格共通的性質，稱為「五大人格特質」（簡稱OCEAN）。

**友善性**
溫和、不嫉妒、
敦厚、協調性

**情緒穩定性**
穩重、沉著、
冷靜、不憂鬱

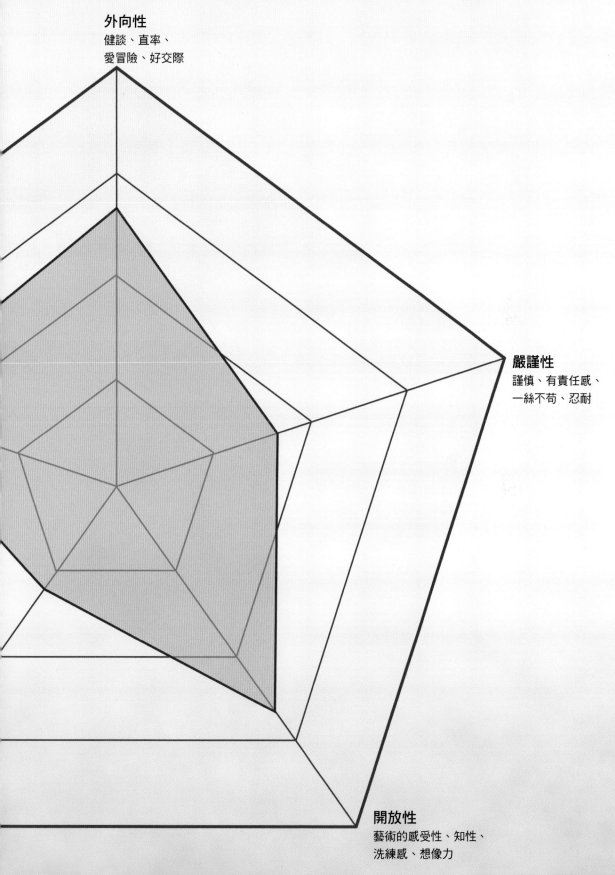

**外向性**
健談、直率、
愛冒險、好交際

**嚴謹性**
謹慎、有責任感、
一絲不苟、忍耐

**開放性**
藝術的感受性、知性、
洗練感、想像力

研究人類性格的「性格心理學」

# 別人的錯？
# 自己的錯？

## 原因為何的思考
## 傾向因人而異

日常生活中可能有各種體驗，諸如考上大學、足球比賽進球等。所有的事物（結果）都有其原因，但在思考原因究竟為何的方式卻因人而異。

　　例如對於「考上大學」的結果，有人覺得是「自己努力唸書得到的成果」，認為原因在於自身；也有人會覺得「考試題目比往年簡單」，把原因歸於外在因素。認為原因是出於自身還是外在，也是性格的特質之一。五大人格特質代表最大、最主要的特質，而歸咎原因則屬於更細部分類的較小特質。

　　特性較符合哪一種傾向與文化有很大的關聯，與日本人相比，美國人認為原因在於自身的傾向較強。

## 兩種特質都
## 各有好壞

將事物的原因歸於自身內部還是外部，很難說哪一個比較好。例如傾向認為原因在自身的人，比較容易有正向的思考，但也比較容易自以為是，以為好的結果全是自己的功勞。「原因所在」歸因在自身還是外部，也與心理健康有很大的關係。

# 「刻板印象」也是一種必要的心理

## 必須注意「偏見」和「歧視」

我們在日常生活中，會隸屬於某個國家、組織、年齡等類別，同時深信在各個類別中的人都擁有共通的特徵。舉例來說，遇到喜歡喝啤酒的德國人時，就會認為「德國人果然很愛喝啤酒！」但若遇到討厭喝啤酒的德國人，就會心想「這德國人真奇怪！」這種心理現象就叫做「刻板印象」（stereotype）。

我們身處的社會極為複雜，當中也會有自己討厭的人。為了能應對

## 刻板印象會影響認知

研究人員曾針對刻板印象會影響對他人的認知而進行實驗。內容是讓受試者觀看某位女性的影片，並將受測組分成兩組，在播放影片前對其中一組告知片中的女性是「圖書館員」，另外一組則告知是「服務生」。看完影片後，測試受試者對影片中女性的特徵留下什麼印象。結果被告知是圖書館員的受試者，說出「戴著眼鏡」、「現場有書架」等符合圖書館員刻板印象的特徵。而被告知是服務生的受試者，則大多描述了「正在聽流行歌曲」、「在吃漢堡」之類符合服務生刻板印象的特徵。

得宜，就必須迅速有效地掌握自己與周遭他人的關係，此時就會運用到先入為主觀念、固定概念等刻板印象。

　　可是，刻板印象也可能導致人的思考方式或行為、態度有所偏頗，亦即「偏見」和「歧視」。為了避免發生這種情況，我們應該將每個人都視為獨立的個體，從而正確地理解對方，正視每個人所隸屬的多元族群。

# 讓人誤墜情網的知名「吊橋效應」

## 將通過吊橋時出現的心跳加速錯認為戀愛的感覺

有個跟戀愛相關的知名心理學現象，叫做「吊橋效應」。意指跟有好感的人一起通過吊橋有助於戀情萌芽。這是因為走在吊橋時心跳會加快，讓人錯以為是愛情而怦然心動。

這項實驗是由加拿大的社會心理學家達頓（Donald Dutton，1943～）和亞倫（Arthur Aron，1945～）所發想，實驗背景則是因為美國的心理學家沙其特（Stanley

### 何謂「吊橋效應」？

意指將通過吊橋時不自覺心跳加快，錯以為是對有好感的人萌生情愫的現象。不過人的感情是很複雜的運作機制，若兩人原本並不投緣，則可能會造成反效果。

Schachter，1922～1997）等人提出：「先認知到身體生理變化後，才會產生情緒。」若這個說法成立，那麼透過錯誤認知的誘導就能控制情緒。因此，才會將通過吊橋時出現的心臟怦怦跳錯認為戀愛的感覺。

對他人有好感的心理還有其他幾種，例如「外表好看的人很容易在第一印象讓人有好感」、「巧遇次數越多，越容易萌生好感」。

# 製造藉口的心理
# 「自我設限」

有 過這樣的經驗嗎？在考試的前一天，還打電動到很晚或是開始收拾平常懶得整理的房間。心理學把這樣的行為稱為「自我設限」。

這種心理是因為對自己沒有信心，畏懼失敗造成傷害而採取的預防措施。失敗了就能找藉口推卸成「不是我的錯」；成功了則讓別人覺得「即使有困難阻礙還是能成功」，進而提高對自己的評價。

此外，大家是否曾在考試前說自己「都沒有唸書」、「身體不舒服」等等，對周圍的人做出預防性的發言呢？這其實也是自我設限的一種。

過度的自我設限，會在無意識中引發失敗的行為，因此必須多加留意。

## 自我設限

例如在考試前一天，打電動或打掃房間就是自我設限的行為。這種想為失敗找藉口的心理，會讓本人在無意識中採取這樣的行為。過度的自我設限，不僅容易引發失敗的行為，而且就算失敗也不影響別人對自己的評價，所以會造成無法培養上進心和挑戰動力的弊病。

# 人腦其實很容易上當受騙

## 我們的心中有無法忽視的「慣性」

　　人的心理運作並無法如電腦一般正確，因為每個人的心中都存在各樣的「慣性」。「視錯覺」（optical illusion）正是巧妙利用心理慣性的現象。隨著認知心理學的發展，也逐漸挖掘出人的心理慣性。

　　舉例來說，右邊插圖的黑白磚當中，A與B兩塊磁磚的亮度看似不同。但實際上，這兩塊磚在印刷上採用了完全相同的亮度。會產生這種視錯覺，是由於腦判斷「雖然B看起來比較暗，但它應該是白色的磁磚」。

　　即便眼前物體的亮度產生變化，我們的腦也能判斷那是同一個東西。因此就算進入眼簾的光線訊息改變，內心仍會對觀測對象產生出「同一個」知覺。也就是說，由於腦會擅自補足視覺的訊息，所以才會出現這種不可思議的視覺現象。

### 兩塊磚是相同的亮度？

A磚和B磚，實際上是完全一樣的亮度。這是因為腦擅自補足修正「B磚原本是白色的，但因為圓柱的陰影所以看起來比較暗」。若於A和B的周圍用紙之類的東西遮住，應該就能清楚發現兩塊磚是相同的亮度。

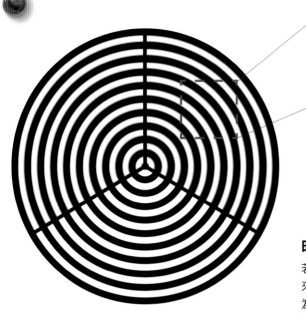

沒有顏色

## 明明沒有顏色，卻看似有顏色

若仔細看左側的圖，會發現原本沒有顏色的區域中，看起來卻像是有上色般。這種在視覺上延伸色彩的效果，就稱為「水彩錯覺」（watercolor illusion）。在右側的圖中，若將圖形的內側框起來，顏色會看似向內延伸。反之，若是框住圖形的外側，就不具那樣的視覺現象。

## 若兩張並排在一起，看起來比較傾斜

左右兩張是義大利的世界遺產「比薩斜塔」同一張照片。然而，右側的塔是不是看起來比較傾斜呢？這種視錯覺就叫做「斜塔錯覺」（leaning tower illusion）。

# 惡質商業手法的話術技巧

在「麻煩的請求」前，
先提出「微小的請求」

「**不**會占用您太多的時間，能麻煩您回答幾個簡單的問題嗎？」像這樣的請求，很多人都曾在電話中或路邊被問過。

其實，問卷並不是是主要目的，等到問完之後，對方就會提出希望您能繼續聊聊的「麻煩請求」。這就是惡質商業手法，稱之為「得寸進尺法」（foot-in-the-door technique）。

得寸進尺法就是利用人對於他人貿然提出的麻煩請求，通常不會輕易做出承諾，但若是先答應了自己覺得無妨的「微小請求」，就會在不知不覺中也同意之後的請求。美國心理學家佛里德曼（Jonathan Freedman，1937～）等人，在1966年以實驗的方式驗證了上述的心理效應。

## 「得寸進尺法」的驗證實驗

主婦突然接到要登門調查家庭用品的請求，回答同意的比例約22%（36人中有 8 人）。

另一方面，之前已接受過問卷調查之微小請求的主婦，當接到要登門調查家庭用品的麻煩請求時，回答同意的比例約53%（36人中有19人）。

家庭用品調查的
請求（麻煩請求）

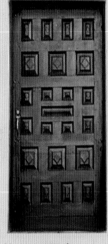

自稱是消費生活調查員的
研究小組

約22%同意

問卷調查的請求
（微小請求）

家庭用品調查的
請求（麻煩請求）

自稱是消費生活調查員的
研究小組

約53%同意

# 當聽到「只有今天」時覺得更有吸引力

## 因時間所剩無幾而讓人覺得更有魅力

用於惡質商業手法的心理策略中，還有一種「打烊效應」（closing-time effect）。例如追求某對象的所剩時間越少時，會覺得該對象越有魅力。在惡質商業手法的情境中，當聽到「只有今天」反而覺得更有吸引力，就是因為這種心理效應。

1990年美國心理學家格拉德（Brian A. Gladue）等人，針對打烊效應進行了實驗。研究人員詢問酒吧內的顧客：「你覺得目前店裡的異性魅力有多高呢？」結果發現越接近打烊時間，會覺得異性看起來更迷人。

打烊效應還有另一種用法雖然不是惡質商業手法，但也很常用在超市的限時特賣或期間限定商品的促銷上。

# 容易擴散的謠言公式

## 資訊越重要、越模糊不清，越容易擴散

不是只有單獨一人才會受騙，有時也會發生集體上當受騙的事件，其中最典型的手法就是「謠言」。

與地震、流行疫情之類的社會訊息有關的謠言，稱之為「流言」。美國的心理學家奧爾波特（Gordon Allport，1897～1967）將流言擴散的難易度以「R～i×a」的算式來表現。R代表流言擴散的難易度，i代表資訊的重要性，a代表證據的模糊性，～則代表比例，即為所謂的流言公式。

依照流言公式，資訊的重要性（i）和證據的模糊性（a）越高，流言越容易擴散（R）。但若資訊的重要性（i）和證據的模糊性（a）兩者之中有一個是零，則流言擴散的程度也會是零。

### 1973年發生在日本愛知縣的騷動即符合流言公式

當地女高中生的一個無聊謠言：「某家信用金庫好像快倒閉了。」卻在口耳相傳下散播開來，結果造成群眾爭相到這家信用金庫擠兌。由於該地區在數年前曾經有金融機構破產，因此證據的模糊性（a）很高（對信用金庫的安全性存疑）。

# 無辜的嫌犯自白
# 認罪的心理
## 通常認為警察不會錯！

大多數的冤罪案例是嫌犯沒有犯下罪行，卻認罪做出虛偽的自白。無辜的人卻做出虛偽自白的類型有三種。

一種是為了替人頂罪，出於自願的虛偽自白；一種是承受不了偵訊的壓力而做出虛偽的自白；最後一種是在偵訊過程中懷疑自己也許真的是犯人而做出虛偽自白。

為什麼會懷疑自己可能真的犯下罪行呢？原因可能出在偵訊的方式上。在此舉出兩個例子。

一個是在偵訊時讓嫌犯覺得自己的記憶並不可靠，例如指出嫌犯只要一喝酒就會喪失記憶，讓嫌犯對自己的記憶力失去信心。

另外一個是在偵訊時出示物證。沒有犯下罪行理當不會有物證，因此也有可能是鑑定錯誤或是偵訊人員捏造的。不過，人通常都認為警察不可能出錯，也不可能會說謊。

所以明明是清白無辜的人，卻懷疑自己說不定真的是犯人，而做出虛偽的自白。

## 虛偽自白的驗證實驗

當研究小組責問是否有按到鍵盤上的ALT鍵時，其中有28％的受試者會懷疑自己。有沒有按到ALT鍵的記憶其實很模糊，從實驗中可得知，當對自己的記憶有強烈不信任感時，人就會變得膽怯。

Alt

1. 指示受試者（75人）以一定速度敲打電腦鍵盤。

此時提醒受試者「請留意，如果按到ALT鍵的話，資料就會消失。」

開始作業

2. 在作業途中，電腦突然停止運作（其實是早就設定好的）。

3. 研究小組責問受試者：「是不是按到ALT鍵？」

4. 由混入其中的研究小組成員詢問走出房間的受試者，究竟發生了什麼事？

認為是自己按到ALT鍵，才導致電腦停止運作的受試者所占比例

28 %

# 心理學家一眼就能看穿人心嗎？

**如**果擔心跟心理學家見面馬上就會被看穿心思的話，那可誤會大了。就算是心理學家，若不花時間與對方交談、觀察對方的狀態，也無法了解別人的心理。

有些心理學家的確能在將對方的感覺暫時阻斷等特殊的條件之下，操控人的心理。但這些手法必須在特殊的條件下才有辦法進行，也就是說心理學家並無法輕易地操控人心。

或許有人曾在電視節目上看過自稱「心靈感應者」的人，當場看穿現場來賓想法的橋段。這是因為心靈感應者打造出特殊的條件，讓來賓的意識集中在特定的焦點上，藉此來讀取人的想法。

另外應該也有人在電視節目中，看過「超能力者」在進行催眠。催眠是一種在特殊的條件下，讓對方進入潛意識狀態的方法。看到以表演性質呈現的催眠或許讓人吃驚，但這些並不是超能力，而是在特殊條件下就有辦法進行的事。

心理學家會將對方的發言內容、對方的狀態，與過去的研究結果相互對照，來探究對方的心理狀態。

# 為什麼會不自覺地配合他人呢？

## 覺得別人的行為似乎比較好

大家可能不會意識到，其實我們的行動會受到團體很大的影響。究竟個人的行為會受到團體什麼樣的影響？個人的行為又會帶給團體什麼樣的影響呢？

有時候在團體中會出現「不成文規則」或約定俗成的慣例。例如：小孩子在外頭玩耍，到了要回家的時間，就算和同學或朋友玩得不亦樂乎，但只要固定時間一到，沒有人刻意說出口，大家也會各自準備回家了。

這樣的現象稱之為「從眾行為」（conformity），是指覺得別人的行為或是想法比較好，因此放棄了自己原本的行為或想法，改為迎合別人的現象。

**同樣長度的線是哪一條？**

美國著名的心理學家阿希（Solomon Asch，1907～1996）於1951年針對從眾行為進行實驗。請受試者從紙卡No.2選出與紙卡No.1同樣長度的線。這雖然是個簡單的問題，但當暗樁（事先安排的假受試者）都說出同一個錯誤答案時，其他受試者跟著回答錯誤答案的傾向也變高。

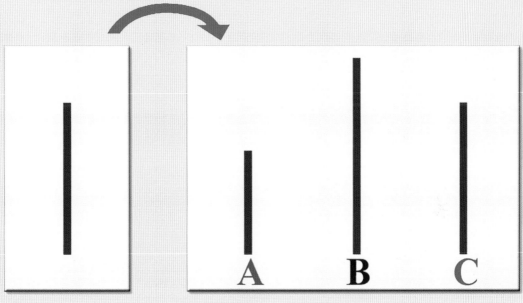

同樣長度的線是哪一條?(正確答案是C)

紙卡No.1　　　紙卡No.2

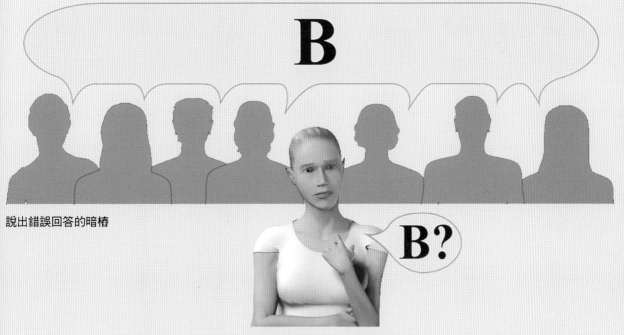

說出錯誤回答的暗椿

受暗椿影響說出錯誤答案
的受試者

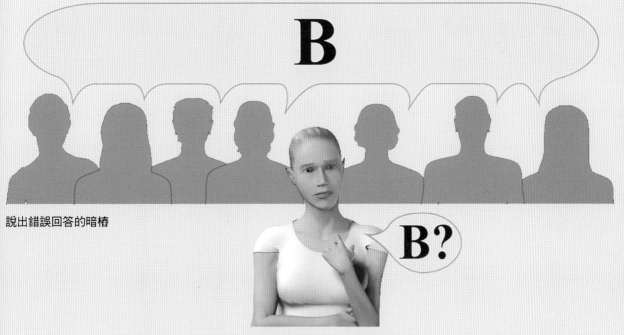

# 從搭乘電扶梯一窺從眾心理

## 受到影響而靠左站立的人數比例變高

日本大阪大學人類科學院的人際社會心理學研究室,於2006年進行從眾行為的實驗。

關西地方在搭電扶梯時,想在電扶梯上走動的人靠左側,想站立不動的人靠右側(在電扶梯上走動其實很危險,本來就是不應該的行為)。在實驗中安排了暗樁(事先安排的假使用者)在大阪搭乘電扶梯。

請暗樁違反關西地方的慣例:「想站立不動的人靠右側」,改為靠左側

### 關西地方的慣例

左側:想在電扶梯上走動的人
右側:想站立不動的人

### 當暗樁靠左側站立不動時?

靠左側在電扶梯上走動的人

靠右側站立不動的人

靠左側站立不動的暗樁

被暗樁影響後,也靠左側站立不動的人

站立。結果發現,靠左側站立不動的人數比例增加了。

　　這個實驗與阿希的實驗(第34頁),都顯示出我們其實很容易受到從眾的壓力。「迎合別人」不只是個人的性格特質,也是人類共通的心理現象。

### 在關西地方搭乘電扶梯,如果選擇靠左側站立不動的話?

有暗椿靠左站立不動,與沒有暗椿在場時相比,靠左側站立不動的人數比例較高。這個傾向在關西居民較少的大阪機場站更是明顯。

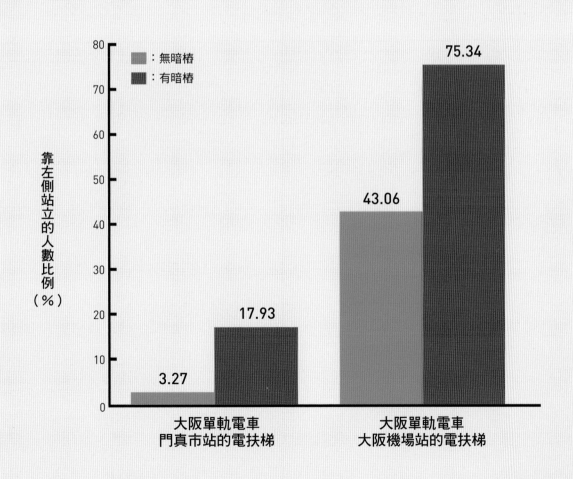

靠左側站立的人數比例(%)

□:無暗椿
■:有暗椿

3.27
17.93
43.06
75.34

大阪單軌電車
門真市站的電扶梯

大阪單軌電車
大阪機場站的電扶梯

# 人數越多，越容易混水摸魚

## 個人的努力程度會變低

幾個人一起搬重物的時候，抱著自己不出力應該也無所謂的心理裝裝樣子，但其實沒有使力。這種心理叫做「社會閒散」（social loafing），是團體心理學中常見的研究主題。

根據研究指出，與他人合作時，每個人的努力程度會比獨自一人工作時來得低。當參與工作的人數越多，努力程度的差異也顯而易見。左頁的插

圖，就是日本大阪大學釘原直樹名譽教授調查社會閒散效應的實驗模樣。

這樣的社會閒散效應，在團體工作時可能會妨礙工作的效率。為了防止這種情形，應訂定制度將每個人的貢獻度予以透明化，並即時讓團體全員得知目前的成果。

## 單獨工作和團體工作，哪一邊更賣力呢？

請9位受試者各自用力拉下吊環，並測量張力的大小。受試者會聽到如下的廣播內容：「在第1次和第12次的測量中會記錄個人的張力，其餘幾次則是記錄全員的張力總和。」

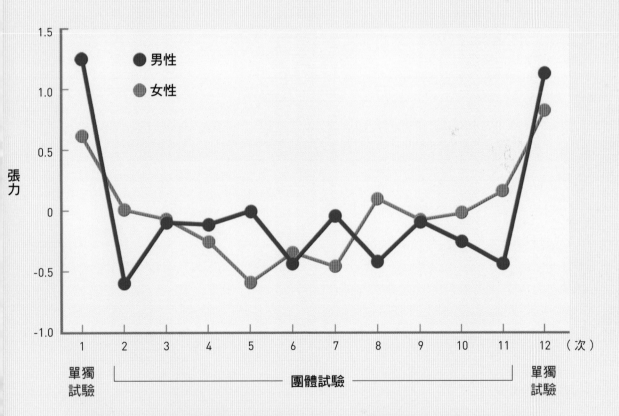

實際上第1～12次的所有試驗，都只記錄個人的張力。如廣播中所說「測量個人張力（第1次和第12次的單獨試驗）」的時候，個人的出力程度會比「測量團體張力（第2～11次的團體試驗）」的時候要高。而且，男性的傾向明顯高於女性。

註：縱軸的數值，是參考12次實驗的標準差與平均值後的分數（標準分數）。

# 為何會假裝沒看到呢？

## 周遭還有許多人就更容易發生

明明看到人群中有個迷路的小朋友在哭，卻沒停下腳步，直接從旁邊走過。這種心理稱為「旁觀者效應」（bystander effect）。

旁觀者效應與社會閒散的狀況一樣，都是出自周遭還有別人「就算我不出手幫忙應該也沒關係」的心理。此外，看到旁人沒有提供協助，自己也會認為那在當下是最適當的做法（從眾）。再者，也會擔心若是幫了有困難的人，別人或許會誤認自己是加害者。

大家常說城市人比鄉下人更為冷漠，見到有困難的人也不會幫忙。美國的心理學家席爾迪尼（Robert Cialdini，1945～）則認為，因為城市的人口比鄉下多、互不相識者也多，在喧囂嘈雜的環境中也難以察覺是否有人需要幫忙，所以比鄉下更容易發生旁觀者效應。

# 為何在緊急狀態下會驚慌失措？

## 自己焦躁也想往前推擠而引發恐慌

如果碰到飛機起飛事故、建築物發生火災，你會採取什麼樣的行動呢？右頁的插圖，就是日本大阪大學釘原直樹名譽教授為調查緊急狀態下的集體恐慌所進行的實驗。

從實驗結果來看，隨著集團的人數越多，全員逃脫的成功率也越低。從全員逃脫失敗的案例試著觀察每個人的行動，發現限制時間越逼近時，讓別人先前進的次數（按下讓步按鈕的次數）越少，而自己搶先前進的次數（按下攻擊按鈕的次數）越多。

人們認為只要排隊等候就能得到報酬（逃脫成功），所以會採取理性的行動。可是當發生插隊（攻擊）的情況，會心想即使繼續排隊下去，自己也可能無法取得報酬，因此慌張之下也開始往前推擠。如此一來，每個人越來越焦躁，進而引發恐慌

---

**攻擊他人？自已讓步？**
**逃脫時採取的行動為何？**

請受試者進行逃脫模擬遊戲。運用「前進」、「攻擊」、「讓步」3種按鈕，在限制時間內從假想的出口逃脫。

逃脫模擬遊戲。
於限制時間內逃出！

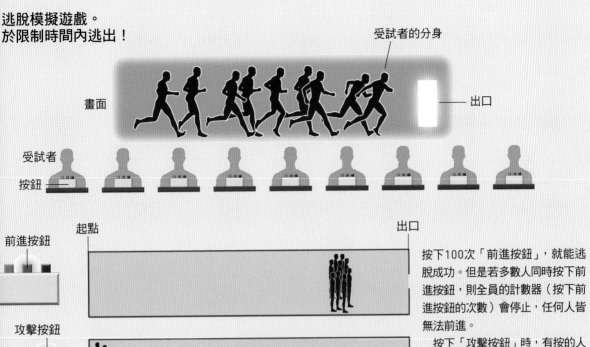

受試者的分身

畫面

出口

受試者

按鈕

起點　　　　　　　　　　　　　　　出口

前進按鈕

攻擊按鈕

他人回到起點　　　　　　　自己維持在原地

讓步按鈕

自己回到起點　　　　　　　他人維持在原地

按下100次「前進按鈕」，就能逃脫成功。但是若多數人同時按下前進按鈕，則全員的計數器（按下前進按鈕的次數）會停止，任何人皆無法前進。

　按下「攻擊按鈕」時，有按的人會維持在原地，沒有按的人則回到起點、計數器歸零。之後自己與他人皆可前進。

　按下「讓步按鈕」時，有按的人會回到起點、計數器歸零。之後自己與他人皆可前進。

## 表1： 依集團人數的逃脫成功率

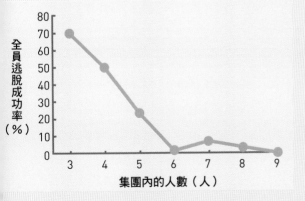

## 表2： 攻擊次數與讓步次數的時間變動
※以全員逃脫失敗的6人集團為案例

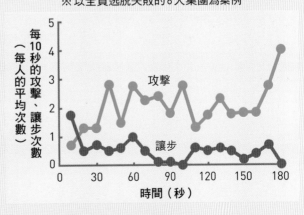

遊戲的結果如下：人數越多，全員逃脫的成功率越低（表1）。從逃脫失敗的案例觀察集團內的個人行動，可以發現當限制時間越逼近（秒數越增加），攻擊的傾向越強（表2）。結果就是人數越增加，時間越逼近，攻擊報復的惡性循環越嚴重，逃脫的成功率因此變低。

# 利用「夢的解析」能
# 分析人的潛意識？

「**夢**的解析」是瞭解心理問題者之潛意識的一種方法。

　　奧地利的精神科醫師兼心理學家佛洛伊德（Sigmund Freud，1856～1939），以及瑞士的精神科醫師兼心理學家榮格（Carl Jung，1875～1961）認為，心理上出現問題的人，其潛意識應該也存在問題。而如果潛意識中存在問題的話，又會是什麼樣的問題呢？為了要找尋答案，便提出「夢的解析」這個理論。

　　在夢境中，有可能會出現潛意識裡的事物。藉由分析夢境，說不定能夠掌握夢的根源 —— 潛意識中的事物，便能從那些潛意識的事物中，一窺潛意識裡究竟存在著什麼樣的問題。

　　另外，「夢的解析」與占卜方法中的「解夢」是完全不同的。心理上沒有問題的人，原本就不是「夢的解析」的適用對象。

右頁是佛洛伊德於1929年的照片，下方則是他於1900年發行的《夢的解析》（Die Traumdeutung）封面。

DIE

TRAUMDEUTUNG

VON

PROF. DR. SIGM. FREUD.

———

·FLECTERE SI NEQUEO SUPEROS, ACHERONTA MOVEBO·.

ZWEITE VERMEHRTE AUFLAGE.

LEIPZIG UND WIEN.
FRANZ DEUTICKE.
1909.

經常夢到被什麼追趕的人，內心可能充滿著不安，這種分析是最讓人容易接受的實際例子。不過，根據時代背景、生活環境或是人生經驗，夢所代表的意義皆不相同。即使做同樣的夢，也不見得會得出相同的分析結果。

# 蛋糕要馬上就吃？
# 還是等多一點再吃？
## 得失的判斷會因狀況而改變

如果是你會選擇哪一個？現在有兩道問題，問題1是「今天吃1塊蛋糕？還是明天吃2塊蛋糕？」問題2是「10天後吃1塊蛋糕？還是11天後吃2塊蛋糕？」

在實驗中，對於問題1回答「今天吃1塊蛋糕」的人較多，而問題2則是回答「11天後吃2塊蛋糕」的人較多。若是在問題1回答「今天吃1塊蛋糕」（1塊也無所謂，總之想早一

A. 早一點吃到？等多一點再吃？

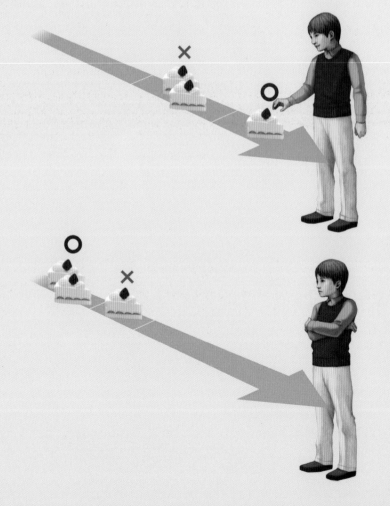

問題1 「選哪一個？」
　　a：今天吃 1 塊蛋糕
　　b：明天吃 2 塊蛋糕

問題2 「選哪一個？」
　　a：10天後吃 1 塊蛋糕
　　b：11天後吃 2 塊蛋糕

點吃到）的人較多的話，那麼在問題2回答「10天後吃1塊蛋糕」的人應該也會比較多才對。但實際上，人對於較近未來的選擇或較遠未來的選擇，有時判斷也會跟著改變。

我們平時會面臨到各種得失的判斷，也了解判斷會根據狀況而改變。接下來就以切身的例子為題材，來一窺判斷得失時的心理規則。

## B. 容易出現哪一面？

重複扔擲硬幣時，最容易出現的組合是 a～c 哪個選項？

　a：反正反反反

　b：正反正反反反

　c：正反反反反反

## A 的回答

沒有一定的正確答案。在實驗中，對於問題1回答a的人較多，問題2回答b的人較多（詳情請參考54～55頁）。

## B 的正確答案

正確答案是a。扔擲1次硬幣時，出現正面和反面的機率是相同的，都是2分之1。扔擲5次硬幣，a的機率是2分之1的5次方「32分之1」。扔擲6次硬幣，b的機率是2分之1的6次方「64分之1」。而扔擲6次硬幣，c的機率也是2分之1的6次方「64分之1」。也就是說如果扔擲的次數相同，無論哪一種組合都會是一樣的機率（改編特沃斯基、康納曼的問題）。

回答b的人，與其說是計算，倒不如說是以「最常見的組合」為基準來選擇答案。

# 定價13,000元，
# 特價10,000！該買嗎？
## 依賴直覺的心理機制會混淆判斷力

**相**較於仔細分析思考，運用直覺思維來做決定的方式稱為「捷思法」（heuristic method）。

捷思法可說是極為便利的方法。我們每天都得面臨各式各樣的判斷，若是所有的判斷都必須收集必要的資訊並且加以分析，那將耗費許多時間，所以我們會依賴捷思法來省略思考的過程。

不過捷思法並不是萬能，有時也會因為捷思法而造成判斷上的失誤。舉例來說，你現在正在煩惱要不要花1萬元買一個從沒用過的電器用品，你不知道那項商品的價格到底算貴還是便宜。但若是看到標價上寫著「定價13,000元，特價10,000元」，應該會覺得「好便宜」吧！

其實前頁的硬幣問題，也是運用捷思法造成判斷失誤的例子。

若標價上有註明特價前的定價，消費者就會以定價為基準來評斷商品的價值。定價就如同船錨的作用，因此稱為「錨定效應」（anchoring effect）。在標價上標示出特價前的定價，便是利用錨定效應的一種銷售策略。

# 確實能拿到手？
# 還是決定賭一把？
提問方式不同，
選擇結果也會不同

如前頁所述的特價標籤般，依照呈現方式影響判斷的例子還有很多。

下方插圖是「選擇確實能拿到手或決定賭一把」的實驗。

在問題 1 中，一開始先收下 1 萬元。之後可選擇再拿取5,000元（a）？或是挑戰有50%機率能獲得1萬元（b）的賭注？

接著在問題 2 中，一開始先收下 2 萬元。之後可選擇退回5,000元

## 你是踏實派？還是冒險派？

問題1「要選哪一個？」

一開始，先收下1萬元。

a. 再拿取5,000元。

b. 賭一把。
能否拿到1萬元呢？

（50%）

（50%）

 選a的人較多

（a）？或是挑戰有50%機率須退回1萬元（b）的賭注？

　　在問題1中選擇再拿取5,000元（a）的人較多；於接下來的問題2中，選擇挑戰有50%機率須退回1萬元（b）的人較多。其實在問題1和問題2中，可以拿到的金額和機率都是一樣的。儘管如此，卻因提問方式的不同而影響了選擇的結果。

問題2「要選哪一個？」

一開始，先收下2萬元。

a. 退回5,000元

b. 賭一把。
　是否須退回1萬元呢？

（50%）　　　　（50%）

 選b的人較多

# 損失感受的
# 衝擊會比較大

## 人會傾向選擇避免
## 損失的方法

從第50～51頁的實驗結果可以得知，美國的心理學暨行為經濟學者康納曼（Daniel Kahneman，1934～）與特沃斯基（Amos Tversky，1937～1996）於1979年發表了「展望理論」（prospect theory，又稱前景理論）。根據這個理論，即使是一樣的東西，人在損失時感受到的價值，會比獲得時感受到的價值要大。而且在可能面臨損失時，人會傾向選擇避免損失，

---

**不同的判斷結果，在於「獲得的判斷」還是「損失的判斷」**

依據展望理論，將收益和損失所感受到的價值（效用）以圖表（價值函數）呈現。左頁圖表是第50～51頁的問題1，右頁圖表是第50～51頁的問題2。

---

### 第50～51頁問題1的圖表

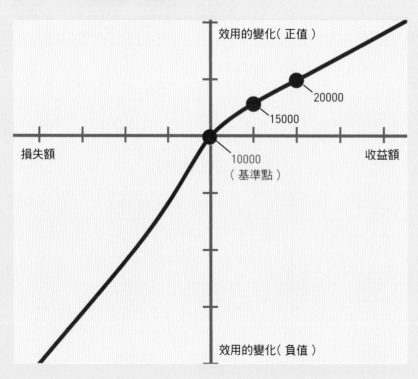

效用的變化（正值）

20000

15000

損失額　　　　　　　　　　　　　收益額

10000
（基準點）

效用的變化（負值）

在問題1中，是以一開始收下的1萬元為基準點。當拿到1萬5000元或2萬元的時候，會感受到「獲得」價值（正值的效用）。

當b拿不到錢的機率是50%時，大多數的人會為了避免「拿不到錢」的風險，而選擇a。

這種傾向被稱為「損失規避」（loss aversion）。

在第50～51頁的問題1中，為了能確實拿到更多的錢，選a的人會比較多。而在問題2中，因為感覺到須退回5000元（a）的損失感，所以選擇b的人會比較多。

第50～51頁問題2的圖表

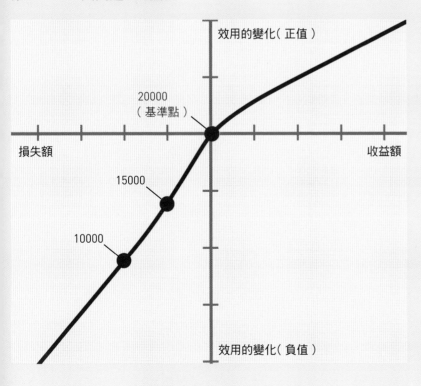

效用的變化（正值）

20000
（基準點）

損失額

收益額

15000

10000

效用的變化（負值）

在問題2中，是以一開始收下的2萬元為基準點。當拿到1萬元或1萬5000元的時候，會感受到「損失」價值（負值的效用）。而且效用的變化量比感受「獲得」價值時來得大。

當b不會損失的機率是50%時，大多數的人會避開「（感覺上）一定會損失的a」，而改選擇b。

# 減肥的決心
# 為什麼
# 容易動搖呢？

眼前的蛋糕價值比較高

有人或許有過這樣的經驗：為了減肥，下定決心戒掉每天的飯後甜點，結果隔天晚餐後看到冰箱有蛋糕，還是拿出來吃掉。

人為什麼會難以抗拒眼前的誘惑呢？因為雖然下定決心減肥時，覺得瘦身的價值比較高，但蛋糕就近在眼前，變成蛋糕的價值比較高，便因此改變心意了。換句話說，人都是依照決定當下「選擇價值較高者」來做出判斷。

為何還是忍不住想吃甜食呢？

瘦身後的自己　蛋糕

瘦身後的自己　蛋糕

雖然下定了決心，但後來為什麼會改變心意呢？

第46～47頁中介紹的蛋糕選擇問題，也適用同樣的解釋。當蛋糕就放在眼前時，即使只有一塊，多數人還是覺得比明天的兩塊價值要高。因此，回答「今天吃一塊蛋糕」的比例也比較高。

## 改變心意的時候，價值會隨之變化

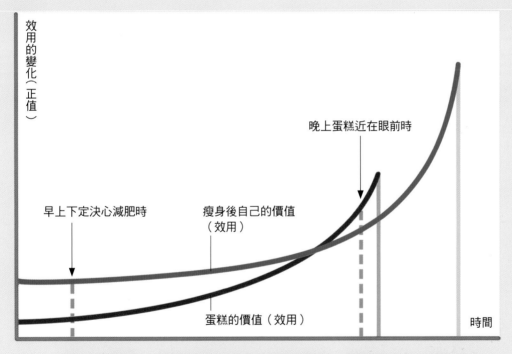

下定決心減肥時，我們會將瘦身後自己的價值（藍線），與蛋糕的價值（紅線）放在天秤上衡量。並且，做出該以瘦身後自己的價值為優先的判斷。可是，當蛋糕放在眼前時，蛋糕的價值會高於瘦身後的自己，所以就改變心意了。

# 記憶有各式各樣的種類

## 可從幾個模式來了解記憶的運作機制

我們在做任何事的當下,都需要參照記憶。即使是閱讀一本小說,也必須記住前面的內容才行。

記憶依照維持時間的長短,可以分成感覺記憶(sensory memory)、短期記憶(short-term memory)和長期記憶(long-term memory)三種。

感覺器官接受訊息後會形成瞬間的記憶,亦即感覺記憶,但維持的時間僅僅0.5秒左右。我們會從當中有意識地擷取欲保留的訊息,傳送到大腦

### 短期記憶和長期記憶

我們所經歷到的各種刺激,會以感覺記憶的形式瞬間保存下來,然後暫時存放在掌管記憶的「海馬迴」,亦即「短期記憶」。之後,只要重複回想起記憶的內容,訊息就會從海馬迴傳送到大腦皮質等部位,轉換為長期記憶保存。

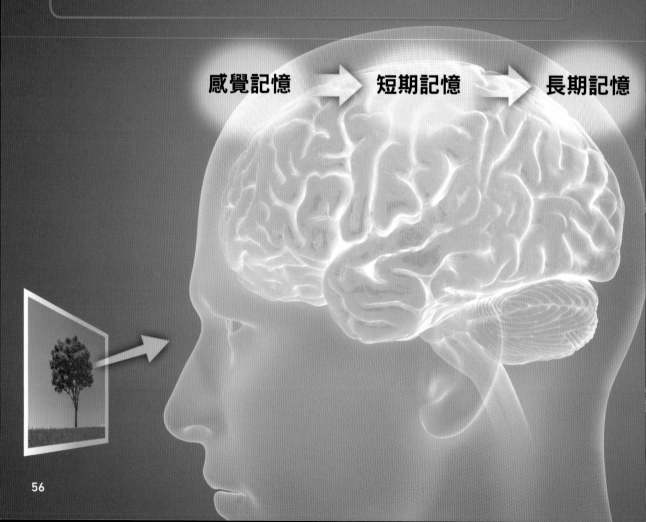

感覺記憶　　短期記憶　　長期記憶

中的海馬迴（hippocampus），作為「短期記憶」保存。

短期記憶的容量其實不大。雖然有個人差異，但若以隨機排列的數字為例，一次最多只能儲存 7±2 個單位，所持續的時間也不過數十秒。另外，短期記憶可以透過在腦海中複誦等反覆的「排練」，轉換成長期記憶保存。長期記憶並不會那麼容易消失，是屬於極為穩定的記憶。

短期記憶和長期記憶都可再細分類別。例如所謂的「知識」，在長期記憶中就稱為「語意記憶」（semantic memory），另外還有將自身經驗的事物，以故事的形式記憶的「情節記憶」（episodic memory），與身體動作等技能相關的「程式性記憶」（procedural memory）等。一般認為根據記憶的種類不同，在大腦中負責儲存的部位也不同。

## 記憶的網路模式

相當於「知識」的語意記憶，會將相似的概念歸納為同一組予以模式化。代表性的例子就如動物→鳥→鸚鵡般，依照分類的大小區分成多個階層，將相關的訊息（知識）彼此連結一起儲存起來。

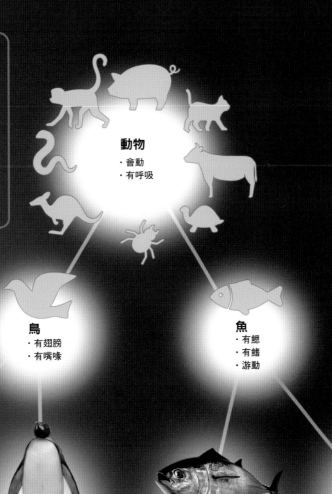

動物
・會動
・有呼吸

鳥
・有翅膀
・有嘴喙

魚
・有鰓
・有鰭
・游動

鸚鵡
・鳴叫
・多當成寵物飼養

皇帝企鵝
・不會飛
・棲息於南極
・脖子周圍是黃色

黑鮪魚
・需不停游動
・美味

沙丁魚
・體積小
・會聚集成群

# 人的記憶並沒有想像中可靠

## 實際沒有看到的單詞卻會浮現出來

**請**花個30秒，將右頁插圖中的15個單詞記起來。然後，拿一張紙把記得的單詞盡可能寫出來。

在寫出來的單詞中，有「夢」和「光」這兩個詞嗎？那「希望」呢？其實右頁插圖中並沒有「希望」這個詞，但有人會把它寫出來。

會出現錯誤記憶是因為這15個詞與「希望」有聯想性，背誦的時候便會浮現出「希望」這個詞。由於無法一次記住15個單詞，因此回想的時候就容易將記憶中浮現過的「希望」，誤認為是實際上看過的單詞。

有時就算記憶與事實不符，卻感覺自己好像經歷過，這就是所謂的「偽記憶」（false memory）。接下來就來看看何謂偽記憶吧。

### 引發偽記憶的15個單詞語

在實驗中，有75％的人都記得有「希望」這個詞。此外，當詢問是否有看到「希望」一詞時，有更多比例的人回答說「有」。

註：在正式實驗中是以更嚴密的方式進行，每次只在固定的時間內顯示一個單詞。採用單詞表進行記憶研究的相關方法稱為「DRM典範」，是取自三位設計者姓氏中的第一個字母（Deese, Roediger, McDermott）。

# 臉部各部位的特徵，會降低目擊證詞的正確性？

## 記憶長相時會先掌握整體的位置關係

記憶長相

人在記憶長相的時候，會在腦海中處理眼睛、鼻子等整體位置關係，以及眼睛、鼻子等形狀特徵。大家可能會認為，再加上言語描述補充說明的話就更容易記住了。

不過，在1990年美國提出的實驗卻得到完全相反的結果。實驗中先讓受試者觀看內容有強盜出現的動畫，接著用言語描述強盜的長相特徵。結果，之後能從 8 張照片中正確辨識出強盜長相的人只有38%，比沒有用言語描述列舉的64%還要低。這稱為「語言遮蔽效應」。

語言表達雖然能聚焦在眼睛、鼻子等形狀的特徵上，但辨識時是以眼睛、鼻子等整體的位置關係為主要的判斷依據，因為這兩者的不一致，便引發了錯誤記憶。

## 用語言表達會引發記憶錯誤

人在記憶長相的時候，比起眼睛、鼻子等形狀特徵的記憶處理，會優先處理眼睛、鼻子等整體位置關係的記憶（中央）。若加上言語描述眼睛、鼻子等形狀特徵（右）的話，就會引發錯誤記憶。

辨識眼睛、鼻子等
整體位置關係的處理示意圖

用言語描述眼睛、
鼻子等形狀特徵的示意圖

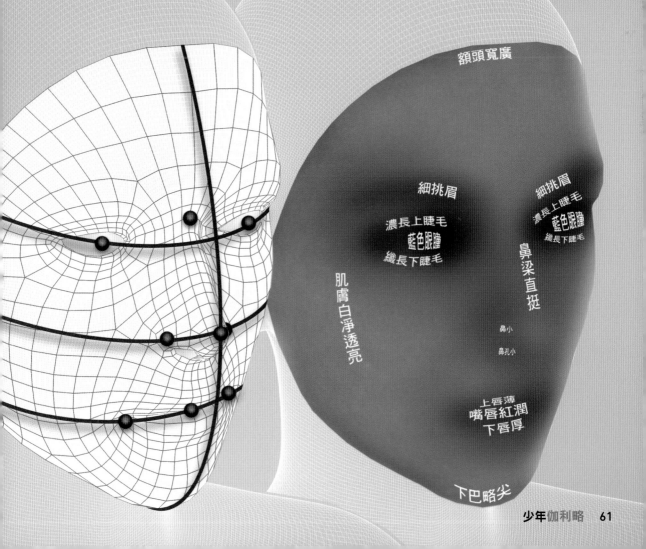

額頭寬廣

細挑眉

細挑眉

濃長上睫毛
藍色眼瞳
纖長下睫毛

濃長上睫毛
藍色眼瞳
纖長下睫毛

鼻梁直挺

肌膚白淨透亮

鼻小

鼻孔小

上唇薄
嘴唇紅潤
下唇厚

下巴略尖

# 感到強烈恐懼時，記憶力會下降

## 緊張感過強或過低都不好

**當**遇上搶劫的突發狀況，會受到極大的驚嚇和恐懼，並引發所謂的「凶器聚焦效應」（weapon focus effect）。這個現象是指由於過度聚焦在凶器上，因此難以察覺犯人的樣貌、服裝等背景訊息，進而導致記憶模糊。

關於聚焦凶器的情形，有兩種說法。一種是因驚嚇和恐懼造成視野變窄；另一種是因為出現了難以置信的狀況，所以將目光集中在凶器上（在廚房看到菜刀一點都不奇怪，但如果在寢室看到就非比尋常了）。

另外，緊張感（壓力、覺醒程度）過強或過低，都會使記憶力降低。緊張感也有所謂的最佳平衡，而會有凶器聚焦效應這樣的現象，就是因為太緊張了。

## 視線不自覺落在凶器上

這張照片是「凶器聚焦效應」的示意圖。呈現出眼睛不自覺望向槍口，而沒有注意到持槍者的長相。

# 鮮明的記憶有時也會出錯

## 刻意用力回想會導致記憶出錯

全球性的重大事件，肯定深烙於很多人的記憶裡。就算事隔多年，對於當時是在何地、和誰、在做什麼等，都還會歷歷在目。這就像開啟了閃光燈，記錄了一段令人印象深刻的重要時刻或環境，因此被稱為「閃光燈記憶」（flashbulb memory）。

不過，這些記憶雖然鮮明，卻不一定是正確或完整的。曾有實驗報告指出，在重大事件發生後，立即詢問受試者當時人在哪裡、在做些什麼，但一年後再次詢問時，卻有人說出的內容與之前完全不同。

閃光燈記憶之所以會遭到扭曲，是因為屢次回想記憶，又再度重構的緣故。原本何時、何地的訊息在重大事件被記憶的當下，幾乎不會去留意到。但刻意回想的結果，就是出現與事實的時間、地點都不合的記憶，導致閃光燈記憶扭曲重構。

### 回想起時地與事實不符的錯誤記憶

將何時何地之類的訊息搜尋出來的提取能力，是由大腦靠近額頭的「前額葉皮質」（prefrontal cortex）負責。就算前額葉皮質回想起錯誤的記憶，一般並不會察覺，所以會製造出與事實不符的記憶。

# 閃光燈記憶

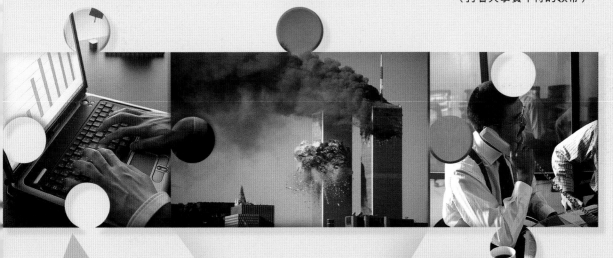

偽記憶
（在他日製作文件資料）

真實的狀況
（同時多起恐怖攻擊）

偽記憶
（打著與事實不符的領帶）

無法想起真實的
狀況（著白色領
帶開會）

記憶被凌亂保存在
腦內的示意圖

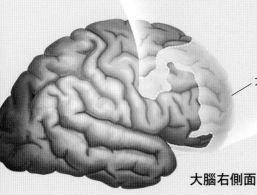

大腦皮質

大腦右側面

# 錯誤的記憶也有其意義

即便是痛苦的記憶，
也可能轉成正面的記憶

第58～65頁所提及的記憶大多為「情節記憶」。意指涵蓋了何時、何地、做了什麼，是屬於個人經驗範疇的記憶，同時也能以文字陳述（陳述性記憶）。

另一方面，難以用文字表達的記憶（非陳述性記憶），則包含了「技能、習慣」（程序記憶）等等。情節記憶與技能、習慣雖然都是長期記憶的一種，但相對於較難忘記的技能、習慣，情節記憶卻很容易出錯。

## 不容易忘記的各種記憶

左頁是陳述性記憶的範例示意圖，右頁是非陳述性記憶的範例示意圖。這裡列舉出的例子，都是能維持很久的長期記憶。

### 陳述性記憶（左頁）

事件的記憶（情節記憶）與透過學習而來的知識（語意記憶），稱為陳述性記憶。

情節記憶

語意記憶

人的記憶容易出錯，又代表著什麼意義呢？人的一生中，可能會有痛苦或悲傷的記憶。但即便是如此艱辛的記憶，有時在事過境遷後也可能轉成正面的記憶。這種變化就利用了記憶容易出錯的特性。因此記憶容易出錯，有時也算是好事一椿。

## 非陳述性記憶（右頁）

運動中的身體動作（技能、習慣），以及瀏覽到曾使用過商品的廣告時，受到該記憶影響又動念想要購買的現象（古典制約），稱為非陳述性記憶。

技能、習慣（程序記憶）

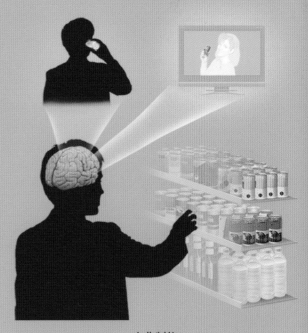

古典制約

# 維持有效記憶的方法

**在** 1880年左右，德國的心理學家艾賓豪斯（Hermann Ebbinghaus，1850～1909）進行了一項調查記憶「有效期限」的定量實驗，得出的結果就是右圖著名的藍色「遺忘曲線」（forgetting curve）。顯示20分鐘後會忘掉4成左右，1天後會忘掉近7成。

為了找回忘掉的記憶，就必須再重新記憶一次。可是不管重複記憶幾次，隨著時間流逝又會忘記了。

因此，艾賓豪斯提出了右頁「考慮到遺忘曲線的複習方法」。只要複習，記憶就不容易忘記。而且就算忘記了，只要增加複習的次數，就能夠再次記住。右頁的圖表就是顯示利用這個性質，透過最低程度的複習來維持記憶的方法。

此外在記憶的時候，與沒有安排休息的學習相比，邊休息邊學習的方式比較有效率。若要準備考試，不妨試試看這樣的學習方式。

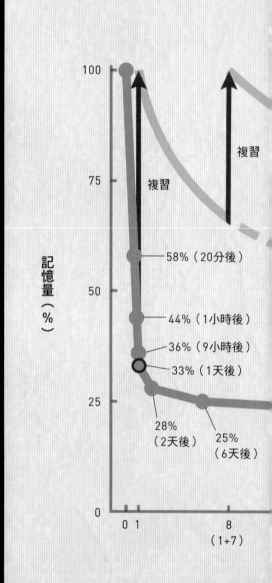

**考慮遺忘曲線的複習方法**

複習

複習

記憶量（%）

100

75

58%（20分後）

50

44%（1小時後）

36%（9小時後）

33%（1天後）

25

28%（2天後）　25%（6天後）

0

0 1　　　8（1+7）

下方的示意圖是以艾賓豪斯的「遺忘曲線」（藍線）為基礎所提出的複習方法。1天後進行第1次複習（以粉紅色箭頭來表示），1星期後進行第2次，2星期後進行第3次，4週後進行第4次複習。

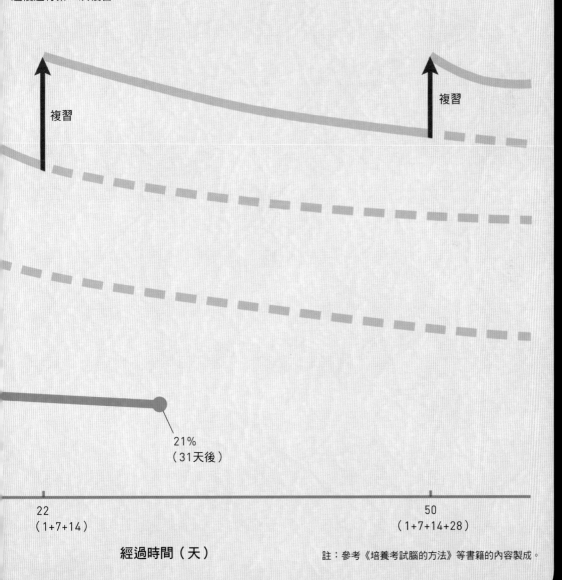

複習

複習

21%
（31天後）

22
（1+7+14）

50
（1+7+14+28）

**經過時間（天）**

註：參考《培養考試腦的方法》等書籍的內容製成。

# 嬰兒模仿大人的理由是什麼？

## 與生俱來的溝通能力

當大人對著出生僅數週的嬰兒微笑、吐舌頭或是做鬼臉時，有時嬰兒也會模仿那些表情。美國華盛頓大學心理學講座教授梅哲夫（Andrew Meltzoff，1950～）等人，於1977年將這種現象命名為「嬰兒模仿」。

當父母等大人看到嬰兒模仿他們的表情時，會產生好感並進而想要照顧嬰兒。剛出生的嬰兒應該還無法理解

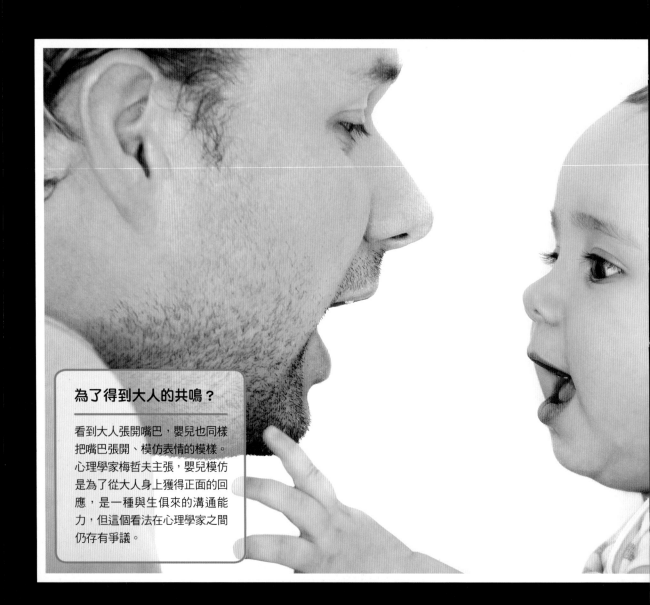

### 為了得到大人的共鳴？

看到大人張開嘴巴，嬰兒也同樣把嘴巴張開、模仿表情的模樣。心理學家梅哲夫主張，嬰兒模仿是為了從大人身上獲得正面的回應，是一種與生俱來的溝通能力，但這個看法在心理學家之間仍存有爭議。

大人從口中伸出的舌頭，和自己口中的舌頭同樣都是臉上的部位。即便如此，當嬰兒看到眼前的大人伸出舌頭，就能和自己的舌頭相對應並做出同樣動作，可見這個能力應該是與生俱來的。

發展心理學家持續關注嬰兒模仿這個主題，並進行了多項研究。不過也有人持不同意見，認為有些嬰兒模仿應該只是看起來像在模仿而已，心理學家之間直到現在仍然還爭論不斷。

※：Job and Gertrud Tamaki 捐贈講座

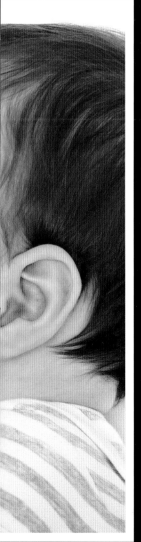

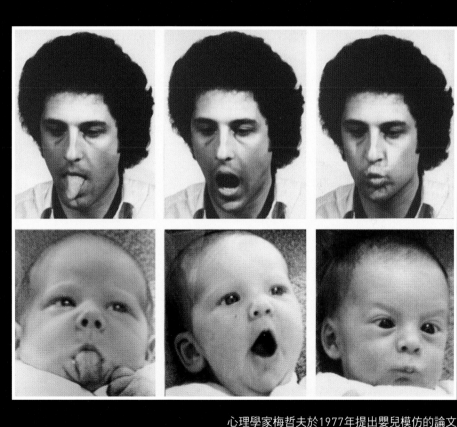

心理學家梅哲夫於1977年提出嬰兒模仿的論文中所刊載的相片。上方是梅哲夫本人，下方的受試者是出生3週的嬰兒。由左至右分別是伸出舌頭、張開嘴巴、噘嘴的表情，可以看到嬰兒正在模仿這些動作。
照片出處：Meltzoff & Moore（1977）Imitation of facial and manual gestures by human neonates. *Science*

## 心理也會隨著年齡變化

# 青春期時煩惱
# 思索著「我是誰」

## 確立「自我認同」
## 是青春期的任務

**邁**入青春期的國中生和高中生，容易會因身體上的變化或是談戀愛，使情緒變得不穩定。「因為已經不是小孩子」被當成大人看待的同時，卻又還是未成年而被認為無法獨當一面，就這樣處在尷尬的階段。青春期正值進入大人世界的入口，會開始強烈意識到「我將會成為什麼樣的大人」、「別人眼中看到的自己又是如何」之類的問題。

美國的心理學家艾瑞克森（Erik Erikson，1902～1994）針對青春期的心理課題，提出了「自我認同」（ego identity）的概念。

「自我認同」在心理學中也可以譯為自我同一性。依據艾瑞克森的說法，確立自我認同是指能自覺「這就是我」，而且能體認到現在的我與未來的我都會是同樣的自己。艾瑞克森認為若能確立自我認同，就能理解10年後、20年後的我，也依然是自己，而現在的行為也會由未來的我來負責。

### 確立自我認同

青春期（亦即艾瑞克森所謂發展階段中的青少年期）的任務，在於是否能確立自我認同。若不能確立自我認同，則會

# 隨著年齡增長會面臨到的心理課題

人的一生可將心理發展的歷程
分成八個階段

艾瑞克森認為心理發展在成人後仍然會持續，因此將一生的心理發展分成八個階段（第74～77頁的插圖）。而且，每一個階段都有特定的「危機」，如何解決該危機就是那個階段的「任務」。而熟練這樣的任務，心理狀態也會隨著生涯持續發展下去。

根據艾瑞克森的理論，嬰兒期是獲得「信任」感覺的時期。此階段的任務是透過與母親等近親相處，開始能

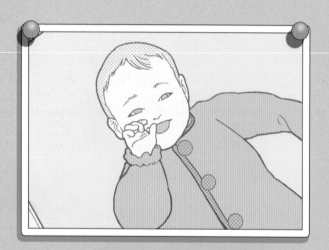

**1. 嬰兒期（0～2歲左右）：**危機是對於父母等養育者或初次面對的外界世界抱持「不信任感」；任務是產生「信任」的感覺。

**2. 幼兒期（2～4歲左右）：**危機是從失敗感受到「羞愧」；任務是藉由上廁所訓練的成功體驗等獲得「自主性」。

信任他人，對於這個世界萌生出安心、舒適的感覺。

幼兒時期的任務則是透過上廁所的訓練，克服因失敗感受到的「羞愧」，進而獲得能靠自我完成的「自主性」。

至於學齡前期，則會想要變得跟大人一樣，對外展現出積極性。若受到大人的稱讚而獲得「自發性」（積極性），就能感受到達成目標所帶來的快樂。

到了學齡期已經無法從遊戲或幻想中得到滿足，而是想要經由學業或運動等現實中的事物得到成就感。這個時期的任務，就是透過努力並獲得回報的體驗得到「勤勉性」。

**3.** **學齡前期（5～8歲左右）**：危機是因大人的否定帶來的「罪惡感」；任務是透過嘗試、獲得大人的讚美得到「自發性」。

**4.** **學齡期（9～12歲左右）**：危機是因為學業或運動表現不佳帶來的「自卑感」；任務是藉由努力獲得回報的體驗得到「勤勉性」。

# 即使長大成人，心理發展仍會持續

## 發展心理學是探討整個人生的發展理論

早期的發展心理學，主要是以兒童為研究對象。發展這個詞彙，也容易讓人聯想到成長過程中身體或大腦功能的提升。不過，自從艾瑞克森提出新的研究觀點後，發展心理學就將成人、老後等所有年齡層都納入了研究的範疇。

青少年期的發展任務即72頁中提到的確立「自我認同」，艾瑞克森也因為提倡這個概念而聞名於世。

成年早期的任務是在確立自我認同

**5. 青少年期（13～18歲左右）**：危機是煩惱自己是什麼樣的人、陷入紊亂狀態的「迷失型認同」；任務是克服並形成「自我認同」的意識。

**6. 成年早期（19～39歲左右）**：危機是無法建立良好的人際關係而造成「孤立感」；任務是獲得能相互尊重的朋友或伴侶的「親密感」。

的基礎上，與朋友或伴侶等特定的對象建立「親密」的關係，若無法獲得便會產生「孤立感」。

　　至於壯年期（成年中期）的任務，則是將重心轉向子女、孫子或後輩等下一個「世代」，若無法順利轉換，仍把注意力放在自己身上就會造成「停滯」的狀態。

　　到了老年期（成年晚期），最大的任務是獲得能正向看待自己人生的「統整性」。

　　人類能夠與隨著年紀增長逐漸變化的身體和諧共處，學習適應周圍的環境，也會運用過去的經驗開創新的生活。換句話說，人類的心理發展是一個持續不斷的歷程。

**7. 壯年期（40～59歲左右）**：危機是出現心理發展的「停滯」；任務是將重心轉向養育下一代或參與社會事務以獲得「傳承性」。

**8. 老年期（60歲左右以後）**：危機是對自己的人生感到後悔並出現「絕望感」；任務是得到肯定自我人生的「統整性」。

這本《基礎心理學》的介紹就到這裡結束，大家有什麼感想呢？

本書的主題包含了心理學的發展歷史、描述性格特質的研究、受騙上當的原因、迎合別人的心理、得失的判斷機制、為何會產生偽記憶等等，最後簡單介紹了人一生中的心理發展歷程。

心理學是研究心理運作及狀態的學問，心理運作與狀態是人類思考和行動的原動力。換句話說，心理學也可以說是一門研究人性的學問。

本書所介紹的內容僅止於心理學的一小部分而已，想要了解更多可以參考人人伽利略13《從零開始讀懂心理學：適合運用在生活中的行為科學》。

## 人人伽利略 科學叢書22

# 藥物科學
## 藥物機制及深奧的新藥研發世界

　　藥物對我們是不可或缺的存在，然而「藥效」是指什麼？為什麼藥往往會有「副作用」？本書以淺顯易懂的方式，從基礎解說藥物的機轉。

　　新藥研發約須耗時15～20年，經費動輒百億新台幣，相當艱辛。研究者究竟是如何在多如繁星的化合物中開發出治療效果卓越的新藥呢？另外請隨著專訪了解劃時代藥物的詳細研究內容，與開發者一起回顧新藥開發的過程。最後根據疾病別分類列出186種藥物，敬請讀者充分活用我們為您準備的醫藥彙典。

定價：500元

## 少年伽利略 科學叢書22

# 認識常見精神疾病
## 淺析憂鬱症、焦慮症、強迫症等心理疾患

　　現代社會壓力繁重，許多精神疾病便因應而生。本書簡單介紹憂鬱症、躁鬱症、強迫症、思覺失調症、恐慌症等症狀與治療方法，或許可以幫助到自己或親朋好友，以正確知識瞭解，就能及早尋求協助。

定價：250元

【 少年伽利略 21 】

# 基礎心理學
## 解讀生活中的大小事

作者／日本Newton Press
特約主編／王原賢
翻譯／許懷文
編輯／林庭安
商標設計／吉松薛爾
發行人／周元白
出版者／人人出版股份有限公司
地址／231028 新北市新店區寶橋路235巷6弄6號7樓
電話／（02）2918-3366（代表號）
傳真／（02）2914-0000
網址／www.jjp.com.tw
郵政劃撥帳號／16402311 人人出版股份有限公司
製版印刷／長城製版印刷股份有限公司
電話／（02）2918-3366（代表號）
經銷商／聯合發行股份有限公司
電話／（02）2917-8022
第一版第一刷／2022年3月
定價／新台幣250元
　　　港幣83元

國家圖書館出版品預行編目（CIP）資料

基礎心理學：解讀生活中的大小事
日本Newton Press作；
許懷文翻譯. -- 第一版. --
新北市：人人出版股份有限公司, 2022.03
面：公分. —（少年伽利略；21）
譯自：心のしくみがよくわかる！心理学
ISBN 978-986-461-275-8（平裝）
1.CST：心理學

170　　　　　　　　　　　111000692

NEWTON LIGHT 2.0 SHINRIGAKU
Copyright © 2020 by Newton Press Inc.
Chinese translation rights in complex
characters arranged with Newton Press
through Japan UNI Agency, Inc., Tokyo
www.newtonpress.co.jp

## Staff

Editorial Management　木村直之
Design Format　米倉英弘 + 川口 匠（細山田デザイン事務所）
Editorial Staff　中村真哉
Writer　荒舩良孝（32～33，44～45）

## Photograph

| | | | |
|---|---|---|---|
| 2～3 | natali_mis/stock.adobe.com | 23 | 【水彩錯視】Peter Hermes Furian/stock.adobe.com, |
| 5 | Andrey_Kuzmin / shutterstock.com, Monkey Business | | 【斜塔錯視】Konstantin Kulikov/stock.adobe.com |
| | Images / shutterstock.com | 26～27 | ©Kzenon-Fotolia.com |
| 6 | Wellcome Collection | 28～29 | 時事 |
| 7 | Heritage Image/アフロ | 32～33 | PICTURE PARTNERS/アフロ |
| 10 | Anke Thomass/stock.adobe.com | 40～41 | ©Paylessimages-Fotolia.com |
| 10～11 | natali_mis/stock.adobe.com | 44 | アフロ |
| 11 | escapejaja/stock.adobe.com, Alexander Raths/ | 45 | ロイター/アフロ |
| | shutterstock.com | 48～49 | Michele Constantini/Getty Images |
| 14～15 | Antonio Guillem / shutterstock.com | 62～63 | Prisma Bildagentur/アフロ |
| 16 | Romanets / shutterstock.com | 65 | ロイター/アフロ |
| 17 | wavebreakmedia / shutterstock.com | 70～71 | Anke Thomass/stock.adobe.com, Meltzoff & Moore |
| 18～19 | Media Whalestock / shutterstock.com | | (1977) Imitation of facial and manual gestures by |
| 20～21 | Dean Drobot / shutterstock.com | | human neonates. Science |
| 22 | 1995, Edward H. Adelson. | 72～73 | Jan H. Andersen/stock.adobe.com |

## Illustration

| | | | |
|---|---|---|---|
| 4 | Newton Press | 43 | Newton Press |
| 6～10 | Newton Press | 46～47 | Newton Press |
| 12～13 | Newton Press | 50～61 | Newton Press |
| 25 | Newton Press | 65～69 | Newton Press |
| 30～31 | Newton Press | 74～77 | Newton Press |
| 35～39 | Newton Press | | |